JN013270

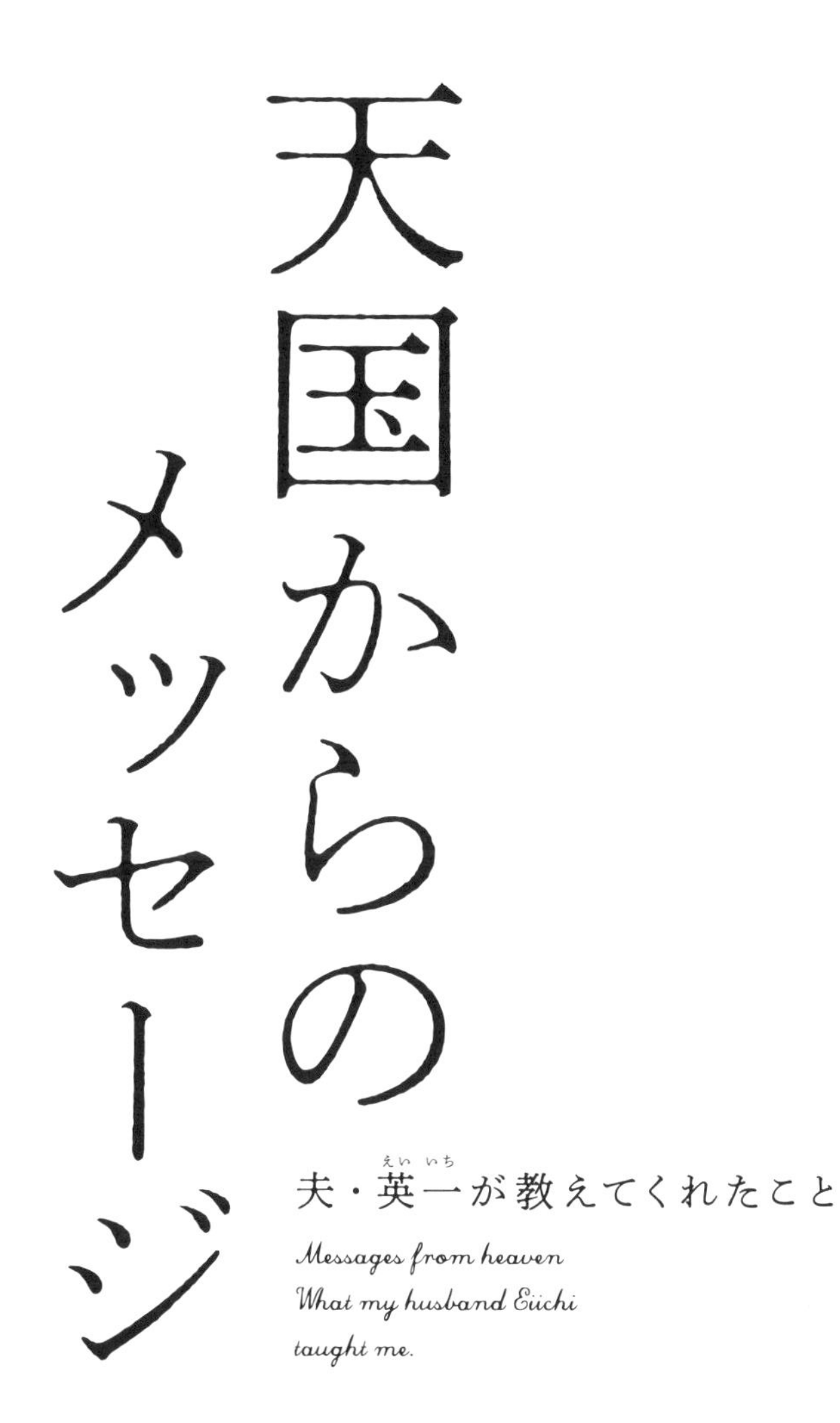

河田美幸
Miyuki Kawata

Parade Books

プロローグ

皆様は、死後の世界の存在を信じていますか。

また死後に、どのような世界が待っていると考えていますか。


災害や事件・事故に巻き込まれ突然死んでしまったあの人。

病気で苦しみながら死を迎えたあの人。

「こんなに早く逝ってしまうなんて……」と惜しまれつつ短い生涯を閉じたあの人。

死の迎え方は様々ですが、死後、私たちは一体どうなるのでしょうか。

あなたはその世界を知りたいと思いませんか。


私の夫・英一（えいいち）は2017年4月末、急性心不全でこの世を去りました。

ところがその亡くなった夫から、ある人を介して、多くのメッセージが私たち家族のもとに届けられるようになったのです。

こういった文章を目にすると、

「なんて胡散臭い話だ」「よくあるオカルトめいたつくり話でしょ」

と嫌悪感を抱く方もいらっしゃると思います。

無理もありません。

なぜなら、死後の世界の存在は、いまだ科学的に証明されていない未知の領域だからです。


しかし、これからお話しすることは、夫がこの世に残した家族へ届けた愛に溢れたたくさんの言葉と、夫として、そして父親として、私たちの幸せを願い、見えない世界で奔走する姿を綴った真実の記録なのです。

そして、一連の出来事を通じて、私がどのように変わっていき、どのような考えに至ったかを赤裸々に綴ったものです。


本書の目的は、「死＝終わり」ではなく、死後の世界は存在している、そしてその世界がどのようなものなのかを、皆様にお伝えすることです。

今回の出来事から、死後の世界の存在とその有り様を知ることで、私は自由になり生きるのが本当に楽になりました。

この事実を独り占めするのではなく、世界中の方々に伝えたいと思いました。

執筆にあたり、当初は様々な葛藤もありました。

ある意味、「タブーへの挑戦」でもあります。


死生観や死後の世界の捉え方は、宗教や信仰、個人の価値観などで千差万別です。

一人一人が違う考えを持っていることは十分に理解しています。

今回は、そのような難しいことは抜きにして、私たち家族に起こった不思議な出来事を通して、死や死後の世界の概念を、もう一度見つめ直す機会を持っていただきたいのです。


大切な人を失った悲しみから立ち直れずにいるあなた。

もうじき愛する人とお別れをしなくてはならないあなた。

自分自身の死を間近に感じているあなた。

生きることが苦しいとつらい気持ちを持ち続けているあなた。

死とは無縁のように日常生活を謳歌しているあなた。


この世に生きる、生きとし生けるすべての人に読んでほしい。

なぜなら、私たちは皆、最後には必ず死を迎えるからです。

おことわり

本書の筆者は、いかなる宗教や信仰、またそれに準ずる団体には一切属しておりません。

本書における内容につきましては、神様からのお告げでもなく、仏様のお導きでもありません。

現実に31年間連れ添った夫から、死後送られてきたメッセージをもとに、自らの思いや考えを導き出したものです。

目次

第1章

はじまり

まずは、一連の出来事がどのような状況から始まったのか。

私の夫・英一の紹介も含め、お話しさせていただきます。

突然の悲しい出来事

本書の主人公ともいえる私の夫・英一は、２０１７年4月30日深夜、自宅一階のトイレで倒れ、搬送先の病院で一度も息を吹き返すことなく帰らぬ人となりました。

死因は急性心不全。

年齢は66歳。まさに突然の死でした。


夫・英一は生前、英語を教える仕事に就いていました。

『日本人だからうまい英語が話せる』（南雲堂、１９９９年初版）という本を出版し、独自のメソッドで、いわゆる「話す英語」が苦手な日本人のために、学習法を広めるべく奮闘していました。

亡くなる直前も、都内に事務所をかまえ、精力的に活動していました。

それまでの努力がようやく実り、まさにこれからという矢先の死でした。

あまり思い出したくはないのですが、亡くなった時の様子をもう少し詳しく説明させてください。

のちに夫・英一から送られてくるメッセージの中で、その時の状況を伝えるものがいくつかあるからです。

夫は一階のトイレで倒れ、悶え苦しんでいました。

思い返すと、それはそれは大変な苦しみようでした。

すぐに二階にいた次女がその場に駆けつけ、「お父さん、しっかりして！」と必死に声を掛けていました。

私は急いで救急車を呼び、自宅の玄関先で到着を待っていました。

救急車はすぐに来てくれましたが、夫はトイレの床で倒れたまま、すでに動かなくなっていました。

搬送先の病院で夫の死が確認されたのは、それから2時間後ぐらいだったと思います。

妻と娘2人を残して、夫は死んでしまったのです。

夫の帰り支度を病院の廊下で待つ間、私は混乱の中にいました。

一か月後に執り行われる長女の結婚式のこと。

年老いた義母のこと。

夫から「捨ててはいけない」と言われ、裏庭に放置してあるごみの山のこと。

そして、これから訪れるはずであった二人の時間が、夫の死ですべて失われてしまったこと。

これからどれだけの人に、頭を下げなくてはならないのだろう。

そして、「夫を亡くす」という喪失感は、どのような形で襲ってくるのだろう。

粛々と執り行われる葬儀・告別式という別れの儀式の中で、冷静さを装わなくてはならない私の心は、恐怖にも似た感情でいっぱいでした。

長女の結婚式は、大勢の方に祝福していただき、滞りなく終えることができました。

夫の死から約1か月が経ち、周囲の状況は徐々に日常生活を取り戻しつつありました。

しかし私は仕事への復帰は叶わず、朝起きて遺品整理を行うだけの日々でした。

「どんな気持ちだったのだろう」

「何か後悔はなかったのか」

と、一日一回は涙が頬をつたいました。

大切な人を失い、悲しみの奥底から立ち直れずにいる人と、なんら変わらない毎日を過ごしていました。


そう、あの出来事が起こるまでは……。

第2章

次々と送られてくるあの世からのメッセージ

夫を失った喪失感とは裏腹に、何とかして彼の気持ちが知りたいと願う気持ちは、日に日に大きくなっていきました。

そんな時、長女から1通のLINEメッセージが送られて来たのです。

「仏壇は要らない」
「今、ここにいる」

仲介役のアヤコさん

本書の核心にふれる前に、家族と夫との橋渡しをしてくれた、大切な仲介役の「アヤコさん」についてお話しします。

アヤコさんはセラピストで、長女が結婚を控え、ブライダルエステをお願いしていました。

ただ霊感が強いらしく、ごく稀に施術を受ける方の身内で亡くなられた人から、メッセージを受け取ることがあったようです。

そのアヤコさんから結婚式の後、

「お父様、当日は大活躍でよいお天気でしたね！」

とＬＩＮＥが送られて来たとのこと。

たしかに雨女である長女は、戸外で執り行われる式の天候をとても心配し、アヤコさんに相談してはいました。

ただメッセージの内容はさほど気にせず、数日後の施術を受けるために、彼女のサロンに向かったのだそうです。

そこで、夫・英一からの最初のメッセージを受け取ることになります。

この大切な仲介役となるアヤコさんとの出会いで、これ以降、私たちは夫・英一から多くのメッセージを受け取ることになるのです。

「仏壇は要らない」「今、ここにいる」

この2つの言葉は、夫が送ってきた最初のメッセージです。

長女がその日、アヤコさんから伝えられたメッセージを一刻も早く知らせたいと、帰宅途中の駅からLINEで伝えてきました。

「お父さんが『仏壇は要らない』と言っている」

この嘘まがいの現実を、もちろんすぐには受け入れることができませんでした。

これって本当に主人なの？

いったいどういうこと？

夫は亡くなったはずなのに……。

「今、ここにいる」

2通目の言葉です。

メッセージを伝える「その人」は、ヨーロッパの地図を指差して、「今、ここにいる。ここ、ここ！」と言っているらしい。

国はフランスで、パリよりもっと山沿いの場所……。

この瞬間、脳内に一筋の記憶が走馬灯のごとく駆け巡りました。

「この人はもしかしたら、本当に私の夫・英一かもしれない。思い当たることがある……」

フランスに留学経験があった夫。

「もし叶うなら、もう一度フランスに留学して、現地での暮らしを楽しみながらフランス語を学び直したい」と生前しきりに言っていたのです。

「その人」が指している場所こそ、かつての留学先だったグルノーブル。

若い頃、語学留学で過ごしたフランスでの生活。

夫にとってはかけがえのない思い出だったようで、事あるごとに当時の様子を話してくれていました。

では、「仏壇は要らない」は……。

これも思い当たったのです。

仏壇は夫の実家にはありましたが、私たちの家にはありませんでした。「遺影や位牌は仏壇に置く」という既成概念と、周囲からのプレッシャーもあって、金銭的に余裕がない中でも、私は夫のために購入しようと考えていました。

周囲から色々言われて困っている私を見ていたんだ。

その言葉が持つ本当の意味を理解し、そして「その人」は、間違いなく私の夫・英一だと確信しました。

夫婦水入らずという時に死んでしまって……。

私がどれだけの人に頭を下げたと思っているの。

残されたあなたの大切なお母さんはどうするの。

今フランスにいるって、どういうことなの。
何なの、何なの、なんなの、ナンナノ……

心の中で、そう叫び続けました。
同時に溢れ出る涙を、しばらく抑えることができませんでした。
メッセージを伝えてきてくれた長女も、同じ状況だったことは言うまでもありません。

これ以降、まるで堰を切ったかのように、次から次へと、あの世にいる夫・英一からメッセージが送られてくるようになったのです。

送られてきたメッセージたち

「家族それぞれに合った別れ方があった」

今思い返すと、夫は亡くなる約一か月前から「準備」をしていたように思います。

傍目からは普段と何も変わらぬ生活をしていましたが、魂のレベルでは自分自身に訪れる「その時」を理解していたのでしょう。

そして、家族それぞれにあった別れ方で「さよなら」を告げていたのです。

義母とは、亡くなる数日前に、いつものようにお団子を食べながらお茶を飲んでいました。

隣人である義母の友人に、「わがままな人だけど、どうかよろしくお願いします」と二度ほど頭を下げたそうです。

きっと最後の親孝行がしたかったのでしょう。

長女とは、亡くなる一週間前に都内で会ったのが最後でした。

タクシーで帰る長女の姿を、この日は見えなくなるまで、不思議なくらいずっと見送っていたそうです。

死後に送られてきたメッセージの中では、「長女の前では死ねない。きっと乗り越えられないから」と伝えてきています。

それでは、次女との別れ方はどうだったのでしょう。

夫は、次女の目の前で苦しみながら亡くなっています。

彼女はまさに「その時」を目の当たりにしていました。

この事は、メッセージの中で、「次女だから、乗り越えられる」と伝えてきています。


では、妻である私に対してはどうだったのでしょうか。

その日はやけに冷たい態度でした。

話しかけても、満足に返事も返してくれませんでした。

目と目を合わせることさえも、避けていましたから。


そして最期の言葉は「先に寝るよ」

私にこれだけとは……。

今でも納得はしていません。「もっと何かあったんじゃないの」というのが正直な気持ちです。

「この時に人生の幕を引いて、本当に良かったと心から思っている」

夫から送られてきた数々のメッセージの中で、特にこの内容には驚きました。

「どうして。これからだったんじゃないの」

「周囲の皆様も、『もったいない』『これからだった』と言ってくれているのに」

夫曰く、「惜しまれつつ亡くなるのが一番いいんだ」と一片の後悔もなく、大変明るいのだそうです。

急逝したことでご迷惑をおかけした皆様、本当に申し訳ございませんでした。

「自分は本当に日本が合わなかった」

夫・英一はイギリスとフランスに留学経験があり、英語もフランス語も堪能でした。

特に英語は、日本語よりも得意だったようで大変上手でした。

前述したように、独自の理論をまとめた本を出版するぐらいでしたので、非凡な才能を持っていると自負していたと思います。そして努力家でした。

また留学時代、世界各国の人々との交流を通して身につけていたのが特別な国際感覚で、外国の人たちとのお付き合いが大変得意だったのです。

裏を返せば、日本人には持ちえないこの感覚が、時として日本での活動を妨げていたと思います。

日本以外での活躍の場があったのではという意味で、「本当に日本が合わなかった」という表現で伝えてきたのでしょう。

事実、夫・英一は誰よりも日本を愛していて、日本が大好きな男でした。

英語が大変うまかったと書きましたが、アヤコさん曰く、夫はメッセージを伝えるのが、他の人たちと比べ格段に上手とのことです。

誰に何を伝えたいのかはっきりしなかったり、たわいない内容が大半だったりする人が多い中で、夫のメッセージは簡潔明瞭なのが特徴。

仲介役のアヤコさんが驚くほどの巧みさが光っていたそうです。

ここでも、非凡な才能を発揮していたのでしょうか。

「美幸（妻）が救急車を呼ぶのを見ていた」


夫が倒れた時、私が玄関先で電話を切らず、通話をしながら救急車の到着を待っている状況を見ていた、と言っているのだと思います。

夫はトイレの床で倒れていたはずなのに。

死亡が確認されたのは約2時間後。私が無理を言って、心臓マッサージを続けてくださるようにお願いしていたためで、実際は自宅一階のトイレですでに亡くなっていた、と伝えたかったのでしょう。


「私はトイレにはいない」


夫は、自身の死の目撃者として次女を選びました。

「乗り越えられるから」という理由で。

実際はどうでしょうか。

次女にしてみたら、父親が悶え苦しみながら息絶える姿を、目の当たりにしてしまったのです。


その傷は想像以上に計り知れないものでした。

夫の死後、次女は一階のトイレを使えなくなっていました。

そんな状況を見かねてか、このメッセージを届けてくれたのです。


「最後だからお酒を飲んだ」


夫は、お酒は飲めない人でした。

飲んだとしても、甘めのカクテルをグラスの底に2㎝程、就寝前に口にするくらいでした。

でも亡くなったその日の夜は違っていました。

グラスいっぱいに注がれたお酒を一気に飲み干し、ベッドに向かったのです。

搬送先の病院のお医者様から、「お酒を飲んだことが、急性心不全の引き金になった」

と聞いた時、私は大変なショックを受けました。

お酒を飲むのを止めていれば、夫は死なずに済んだのかもしれない。

しかし実際は、「最後だからお酒を飲んだ」というのが夫からの真実なのだそうです。


「美幸には教える仕事が一番合っている。だから繋げた」


夫は都内だけでなく、自宅でも英語を教えるクラスをもっていました。

ただ、彼の死後は継続が難しいと判断。その旨を生徒の皆様にも了承していただきました。

しかし、しばらくすると先方から「どうしても続けてほしい」と言われ、一転クラスの続行が決まりました。

夫曰く、「美幸には教える仕事が一番合っている。だから繋げた」そうです。

ここで、私がアヤコさんのサロンへ初めて行った時を振り返ります。

夫はその日、アヤコさんのお部屋までずっとエスコートしてくれていたようで、部屋に入るなりアヤコさんからは、「ご主人は、本当にレディーファーストが身に付いた人ですね」と言われました。

英国での生活が長かったこともあり、生前から先にドアを開けたり、荷物を持ってくれたりするのは、私にとって日常でした。

その姿は見えませんが、亡くなってからも変わらず実行してくれているとは。

また、話し好きということも変わっていないらしく、アヤコさんの質問に対して、私よりも早く、「コーヒーが好き」「元CA（客室乗務員）だった」「この近くに住んでいた」などと答えていました。

そして、「早くひとりにしてしまったけれど、いつも一緒にいるから、守るから」と言ってくれました。

この言葉には、涙を抑えることができませんでした。

生前、夫は加山雄三さんの大ファンで、カラオケでよく『君といつまでも』を歌ってくれました。

「死ぬまで君を離さないぞ」というセリフの部分を、「『死んでも』君を離さないぞ」と変えて。

いままで書いてきた言葉以外にも、生前の夫を象徴するような、思わずクスッと笑えるメッセージも送ってくれています。

「いつも氷のいっぱい入ったコーラをあげてくれ」

夫は無類のコーラ好き。どんな宴席でも、必ずコーラを注文していました。
まさか亡くなってからもコーラが飲みたいとは……。

わかりました。ダイエットコーラではなく、普通のコーラが希望ですね。供えさせていただきます。

「今日は特別だからメロンソーダが飲みたい♪」

新盆の朝、アヤコさんから急遽送られてきたメッセージです。

夫が、「今日は特別だからコーラじゃなくてメロンソーダが飲みたい♪」と、茶目っ気たっぷりにアヤコさんに伝えてきたそうです。

これには本当に笑ってしまいました。このメッセージを知っている人たちは、新盆の会食の席で全員がメロンソーダを飲みました。

「いつも使っていたテーブルを中心に盛り上げてほしい
（リビングのテーブルが大好き）」

夫は、自宅のリビングにある大きなテーブルを使って仕事をしていました。だから特別な思い入れがあるようです。

仏壇は要らないから、そのテーブルを中心に盛り上げてほしいのだそうです。

いただいた賞状や記念楯、思い出の写真、バッジなど、在りし日の夫が座っていた席から眺められるよう飾りつけ、いまでも盛り上げています。

「美味しいものを食べながら、自分の話をいっぱいいっぱいいっぱいしてほしい」


夫は食べることも好きでしたが、自分のことも大好きでした。

ですから夫の好物を食べながら、生前の話をいっぱいいっぱいしてほしいのだそうです。

それにしても、亡くなってからも変わらない、いかにも夫・英一らしいメッセージです。

面白いことに、アヤコさんの前に現れる時は、亡くなった時の年齢の姿ではなく、若くてスマートだった頃の姿だそうです。

きっと夫は、留学時代の「彼」を選んだのだと思います。

何かの本で「自身が一番お気に入りの姿を選ぶことができる」と読んだことがあり、そのことをアヤコさんに告げると、「勉強になりました」と仰っていました。

こんなこともできるんだ、と驚いたメッセージ

海外旅行に行く長女に「気をつけろ」

長女が友人の結婚式のため、ハワイに行く前に送られたメッセージです。
元気に出かけたハワイでしたが、案の定現地で高熱を出し、大変な目にあったそうです。

「いつもデートについて行っている」

夫は次女が男性と会う時はいつもついて行っているようで……。
やはり未婚の次女は心配だったのでしょう。
親心が勝ってしまうゆえの行動としてお許しください。

「ドイツにも行った」

「今はフランスにいる」と伝えてきた夫でしたが、ドイツにも行ったらしいのです。

また長女の新婚旅行や、それ以外の旅にも同行しているとのこと。

お供することが楽しみなのだそうです。

勝手にお邪魔するのは少し申し訳なさを感じますが、姿はもちろん見えません。

どうぞこれもお許しください。


妻（私）には「愛」　長女には「和」　次女には「信」


一連の出来事が始まって半年後、夫の現れ方に変化が起こり始めました。

そろそろ終わりが近づいていたのです。

大変お世話になった仲介役のアヤコさんに、私と娘二人はお礼がしたく、その年の暮れにお食事へ招待しました。

実はアヤコさんは、遠方へと引っ越すことになっていたのです。

アヤコさんからは、その少し前から、「ご主人は今、生前よく行っていた山で、小さくなって座っている。以前と様子が違い、話しかけても返事がない」と報告を受けていました。

それでもアヤコさんは、私たちのために何か伝えられるメッセージがないか、約束の時間のギリギリまで、夫からのメッセージを受けようと努力してくださっていました。

実はこの頃、私はどうしても納得できない思いを整理できず、その矛先を亡くなった夫に向け、心身のバランスを保とうとしている状態でした。

夫の遺影や家族との写真まで、すべてしまい込んでいたのです。

もちろん夫はこの状況を見ていました。

だけど、どうすることもできなかった。すごくショックだったはずです。

生前に毎日ジョギングしていた山で、一人でうずくまり小さくなってしまっている。

「これくらいの大きさです」と、アヤコさんはテーブルの「箸置き」を指して説明してくれました。

あれほど饒舌だったのに、今は声を掛けても振り向いてくれようともしない。

アヤコさんは事情を知り、納得しました。
そして話はできなかったけれど、夫が私たち家族のために送ってくれた文字を伝えてくれました。

妻（私）には「愛」長女には「和」次女には「信」

どの言葉も、今の私たちに必要な、最も信頼すべき言葉だったのです。
私は自分の愚かさを反省しました。
帰宅後すぐに写真を戻し、心の底から夫に謝りました。
翌朝、次女もお線香をあげてくれました。
すると、アヤコさんから私たちへメッセージが届けられたのです。
「ご主人が『お許しが出た』と言っている」
例の山まで迎えに行こうと思っていたので、手間が省けました。
ウェルカムホーム！

アヤコさんが遠く離れてしまうことは、夫・英一と繫がれないということです。

私は最後にもう一度だけ、「夫に会いたい！」とアヤコさんのサロンに出向きました。

この頃には、はっきりと見えていた夫の姿は徐々に見えなくなり、声だけの存在になっていたそうです。

「次のステージに進んだのかな」とアヤコさんは言っていました。


その時に届けられたメッセージです。


「妻が新しい職場で庭掃除をしているのを見るのが好き」

「妻の体が本当に心配」

「お金のことはなんとかなる。助けてくれる人を準備しているから」

「そして、これからもいつもいつも一緒にいるから、守るから……」


夫・英一が死後、約半年間に送ってくれたメッセージたちです。

これ以外にも、非常に個人的なものや、家族以外には秘密にしておきたい宝物のようなメッセージがありました。

お読みになってどうだったでしょうか。

驚かれましたか。それとも、まだ半信半疑ですか。

私は大変驚きました。

同時に、夫・英一が伝えてきたあの世での在り様と、この世にいる私たちが抱く死後の世界のイメージには、大きな隔たりが存在すると気づいたのです。

第3章

検証

「仏壇は要らない」「今、ここにいる」という夫・英一からのメッセージで始まった一連の出来事は、かつて味わったことのない驚きと喜び、そして感動を私に与えてくれました。

同時に、夫から多くのメッセージを受け取るうちに、「おかしい、なんか変だ。私が考える死後の世界のイメージと、夫が伝えてくる様子があまりにも違いすぎる」

と、違和感を持つようになっていました。

そこで第3章では、夫・英一から送られてきたメッセージをもとに、私たちが想像する一般的な死後の世界の概念と、メッセージを照らし合わせながら検証する、という作業を進めていきます。

その前に少しだけ、私についてお話しさせてください。

なぜこのようなことが私に起こったのか。

あらかじめ申し上げておきますが、私には亡くなった人が見えたり、お話しできたりなど、特殊な能力はありません。もちろん夫・英一の姿も見えません。

ただ、幼い頃は毎晩のように金縛りにあったり、同じ夢を繰り返し見たりと、不思議な体験もありました。

大人になってからは、人は死後どうなるのだろう、
私たちは見えない何かに守られているに違いない、
前世とは、生まれ変わるとはなど、いわゆるスピリチュアルなことに人一倍興味関心があり、多くの疑問（χ＝エックス）を持っていました。

それと不思議なくらい、「死＝終わりではない」と頑なに信じていました。

この世に生を受け、泣いたり笑ったり悲しんだり、時には人を恨んだり嫉妬したりと重ねてきた思いが、肉体が滅びることで無になることなどは決してない。

今回の出来事は、そのような考えを持つ私だからこそ起こったのかもしれません。

想像を遥かに超える大きな力に、突き動かされている気さえもします。


もっと深く考えてみよう。

そして、長い間持ち続けてきた死に対するχを解いてみよう。
その違和感と自然に向き合い、深く考えるようになっていました。

検証1：地獄の沙汰も金次第と言われるが、死んでからもお金が必要か？

「地獄の沙汰も金次第」という言葉が持つ本来の意味は、ご存知の通り、世の中のことはすべてお金で解決できるというものです。
私は文字通りに意味を捉え、あの世でもお金が必要で、例えば高価な戒名がそこでのポジションを決めるなど、この世でのお金の有無が死後の世界でも影響するのかと心配していました。

お金には縁の無かった夫・英一ですが、初めて現れた時はフランスにいました。
ドイツにも行っていたり、長女の新婚旅行に同行したりもしています。
もちろん航空券や宿泊代なども払わずに。

想像するに、スポーツ観戦が好きだった夫は、世界中で開催される様々な大会を観に行っているに違いないのです。それも無料で。

どうやら、あの世ではお金は必要なく、現世でのお金の有無が行動に影響を及ぼすということもなさそうなのです。

お金さえあれば、この世の中の多くのことが解決できますが、あの世ではお金は必要ないということです。

検証2…死を迎えることは、無条件に不幸なのか？

私たちが死について語るとき、縁起でもない、触れてはいけない、距離をとるべきものと無意識に考えてしまいがちです。

その理由は、死＝不幸と位置付けてしまうからです。

夫・英一は自身の死に対して、周囲の思いとは裏腹に、「この時に人生の幕を引いて本当に良かったと心から思っている」と伝えてきています。

これは直前の状況を考えると、あり得ないことだと私は驚きました。


人が死を迎える時は様々です。

病死や事故死、あるいは災害や殺人に巻き込まれての死。

何人にもやがて訪れる「死」を受け入れなければなりません。

「死」は、時間や痛み、偶然や必然といった条件の違いこそありますが、その本質はどのような場合でも大差はないのではないか。

残された者たちが当人の死の迎え方を見て、「あんな死に方をして可哀そうだった」「早すぎた」などと勝手に思い込み、その最期を「評価」したいだけではないのか。

すべての人に当てはまることはないと思いますが、死を迎えることは一概に不幸とは言えないと思います。

つまり、死んでいく人と残された人たちの間には、「思いの乖離がある」のです。

検証3…死を迎えることで、魂は肉体から解放され自由になれるのか？

これは長い間、私が持ち続けていたχの1つです。映画やドラマで亡くなった人が自分のお葬式を見ていたり、魂となって懐かしい誰かに会いに行ったりするシーンがよく描かれます。正直、本当なのかなと思っていました。

夫・英一はあの日、私が玄関先で救急車を待つのを見ていたと伝えてきました。トイレで倒れていたはずなのに。父親の死を間近に見た次女は、そのトイレに近づくことさえできなくなっていましたが、彼女には「私はトイレにはいない」とも伝えていました。あれだけ苦しみながら亡くなったのに、死後はフランスに行ったりドイツに行ったりと、自由に動き回っているようなのです。

そう考えると、当然お墓の中で静かにしているはずもなく……。

生きている私たちは、肉体を持っているがゆえに、時として不自由さや苦痛を感じることもありますが、どうやら死後は、どんな人でも肉体から魂として抜け出し、自由を獲得できる、ということが言えるようです。

検証4：死を迎えることで、魂は肉体から自由になれる。では重ねてきた思いからは？

これは、私がずっと信じ続けてきた、「死＝終わりではない」に繋がる重要な部分です。

死を迎えることで肉体からの解放は得られる、と検証3で述べましたが、重ねてきた思いという視点からはどうなのでしょうか。

「いつも氷のいっぱい入ったコーラをあげてくれ」

「新盆だから特別にメロンソーダが飲みたい」

「美味しいものを食べながら、自分の話をいっぱいいっぱいいっぱいしてほしい」

食べること、そして自分のことが大好きだった夫らしいメッセージです。

人は亡くなると、生前の苦しみや欲求から解き放たれて自由になれると言われているようですが、どうやら違っているようなのです。
夫・英一は、死後肉体からは解放され、自由を満喫しているようですが、食いしん坊だった生前の思いからは自由になれず、まるで生きているかのように様々な希望を伝え、私たちを驚かせてくれました。

死を迎えることで肉体からは自由になれる。
しかし、重ねてきた思いはそう簡単に払拭できない。
この世で重ねてきた思いは死後の世界でも存在し、生き続けていると言えます。

検証5：死＝終わりなのか？

死んでしまったらそれで何もかも終わり。何もできない。
ほとんどの人がそう信じています。
それ故に刹那的な生き方に走ったり、生きた時間の長短で幸か不幸かをはかったりするのです。

夫・英一は、長女の結婚式に雨を降らせないよう頑張ってくれたり、私を教える仕事に繋げてくれたり、助けてくれる人を準備してくれたりと、あの世からでも奔走し、導いてくれています。

この世にいた時以上に、頑張ってくれています。

姿は見えないけれど、力を発揮しています。

人は死んだら何もできない。

いいえ、それで終わりではないのです。

人は死後、重ねてきた思いという形で存在する。

それが死後の世界です。

だから死後の世界は存在し、死＝終わりではないのです。

第4章

それからの私

一連の出来事を通じて、それまでの死に対するχを検証してきましたが、その後の私は、夫の生前と比べると、180度変わってしまいました。考え方も行いも、まるで別人のようになっていたのです。

第4章では、どのような点が変化して、以前とは違う考え方を持つようになったかをお伝えしていきます。

まずは比較のために、この出来事が起こる前の私と、夫・英一との関係についてお話しします。

「この世は悪が回している。悪者でないとお金は掴めない。だからあなたはダメなのよ」

私が夫によく言っていた言葉です。

その上、このような約束も取り付けていました。

「死ぬまでに3億円を用意する」

「3億円」という数字の根拠はいまだ不明ですが、とにかくお金が大切だという気持ちが強かったです。

いま振り返れば、「穴があったら入りたい」という気持ちでいっぱいです。ただ一言だけ自分を弁護するとすれば、「お金を稼げる＝あなたはまだまだ頑張れる、大丈夫」という応援の裏返しでした。

このことに関しても夫はメッセージをくれました。「心配しないで、分かっていたよ」と。

このように事あるごとに夫を責めて、そして迫っていましたから、おそらく嫌気が差していたかもしれませんね。

一方で、夫・英一はどのような性格の持ち主だったでしょうか。

彼は本当に裏表のない、自分を隠せない人でした。

ですから時には誤解を受け、周囲の人と衝突することもありましたが、本質は誰とでも平等に付き合うことができ、親切で思いやりのある人でした。

留学時代も偏見を持つことなく、様々な国の方々と交流を続け、多くの友人に囲まれて充実した日々を過ごしていたようです。

ただ「お金を稼ぐこと」に関しては、正直に言ってあまり得意ではありませんでした。語学は堪能で、日本人にはない国際感覚を持った人だったので、もし違った方面で活動していれば、「3億円ミッション」が達成されていたかもと思いますが……。

とにかく「お金が大切だ」という思いに支配され続けていたのが、一連の出来事が起こる前の私でした。

お金に対する考え方の変化

現世でお金を稼ぐことが苦手だった夫・英一。

死後はフランスやドイツに行ったり、時には長女の新婚旅行にもついて行ったりと、お金を払わず世界中を飛び回り楽しんでいるということは、前述した通りです。

夫からのメッセージからも、現実世界におけるお金の有無が死後の世界でのポジションを決めるものではなく、あの世ではお金の必要がないと安心していましたが……。

それでは、なぜこの世に生きている私たちはお金に執着して、お金のために毎日頑張り続けているのか。

それは「体（肉体）があるから」です。

体（肉体）を維持するため、食料を買って摂取をする。衣服を着て身を守り、体（肉体）を休めるための住まいを用意しなければならない。

体（肉体）がある以上、どうしてもお金が必要不可欠なのです。

では、その体（肉体）が健康で最低限度の生活を維持するために、どのくらいの金額が必要なのでしょうか。

仮に大人1人の単位として考えると、金額的な部分は生活レベルや環境によって異なるでしょう。ただ「体（肉体）を維持するためだけ」という単純な構造で考えてみると、さほどお金は必要ないはずです。

ましてや、根拠不明の「三億円」とは言うに及ばず、「体（肉体）を維持するためのお金があればそれでいい」という考えに変わり、「それからの私」はお金に対するがめつい考えが消え、以前とは違う私になることができたと思います。

死に対する概念の変化

①人は死んでからもできることがある

第3章の検証5で、「人は死後、重ねてきた思いという形で存在する」「死＝終わりではない」と伝えてきました。

姿ではなく、「思い」という形での存在で登場した夫・英一は、驚くべきことに、長女の結婚式に雨を降らさないようにしたり、私に教える仕事を繋げたり、助けてくれる人を準備しようとしたりと、奔走してくれていました。

これまでも私は、死＝終わりではないと信じてきましたが、一連の出来事を経て、「人は死んでからもできることがある」と考えるようになりました。

人は往々にして、人生の長さで幸・不幸を語りがちです。

これは、「死＝終わり」という考え方が圧倒的に支配しているからです。

歴史上の人物でも、志半ばで暗殺されたり、病によって死を迎えてしまったりした「残念」とされる偉人も数多くいます。

その姿は見えないけれど、生前には不可能だったような根回しをして、もしかしたら時代を動かす一役を買っていたのではないか……。

死＝終わりではなく、人は死んでからもできることがあるということです。

②「死はすべてを良い方向に変えてくれる」は思い込み

死生観や死後の世界の捉え方は、宗教や信仰、各々の価値観で違っていると書きましたが、私自身は死に興味があっても、そういった分野にはほぼ無関心でした。

それでも死んだらすべてが許され、涅槃の境地を得て楽になれるらしいと、都合の良い言葉だと思いつつも、期待を持って信じ続けていました。


しかし私の夫・英一は、生きていた時とほとんど変わっていないのです。

「いつも氷のいっぱい入ったコーラをあげてくれ」

「新盆だから特別にメロンソーダが飲みたい」

「美味しいものを食べながら、自分の話をいっぱいいいっぱいしてほしい」

食べること、そして自分のことが大好きだった夫は、驚くほど生前の姿となんら変わってはいないのです。

「人は重ねてきた思いという形で死後も存在する。それが死後の世界」

重ねてきた思いはすべての人の生き方が違うように、100人いたら100通りの思いがあるはずなのです。死を迎えることで、誰もが一様に何もかもが許されるような単純な世界ではない。

「死はすべてを良い方向に変えてくれる」は私の願望であり、都合の良い思い込みに過ぎない、と気づいたのです。

「未知の自由」との出会い

夫・英一が亡くなり、一周忌を迎える頃には、以前までのお金に執着していた私の姿は消え、まるで別人のようになっていました。

それだけでなく、多くの呪縛めいたものから解き放たれ、感じたことのない自由を獲得していたのです。

そして、生きるのが本当に楽になりました。


なぜ自由を感じ、生きるのが楽になれたのか。

理由は二つあります。

一つは、生きる尺度がモノ（お金）ではなくなったこと。

死を基点とすると、必要以上のモノ（お金）は要らない。

体（肉体）を維持するためのモノ（お金）は必要。ただそれ以上を求め、探し回る必要はない。

モノ（お金）の必要性は認めつつも、とらわれず生きていけばいい。


もう一つは、死後の世界の存在を知り、その世界を正しく理解したことで、生きている私たちが最も恐れている死を、これまでのように恐れなくてもよいと分かったこと。

モノ（お金）への執着から離れ、死を論理的に理解できたことで、すべてが一変して、真の自由を獲得し、生きるのが楽になった。


以前、友人に言ったことがあります。

「死後は誰でも涅槃の境地になって楽になれるらしい。だけど私は死んでからでは嫌だ、遅いと思う。生きているうちに少しでも近づいて楽に生きたい」

まさにその境地、「未知の自由」との出会いです。

「未知の思考」との出会い

モノ（お金）への執着や、死の恐怖からも解放され、自由で楽に生きられるようになりました。同時に、もう一つ手に入れたものがありました。

それは、到達したことのなかった「未知の思考」です。

いま見えている事象や限られた概念だけにとらわれるのではなく、「前世、現世、来世、そしてあの世」と見えない世界をも踏まえて、あらゆる答えを導き出そうとする思考です。

死への概念の変化が、私の思考にも大きな変化を与え、新しい出会いをもたらしてくれたのです。


この世は、目に見えている世界がすべてではない。

目に見えている世界は、ほんの一部にしか過ぎない。

現世の問題を解決するには、この新たな思考から違った視点で解決していく力が必要なのではないか。

そうしたら、この世のほとんどすべての問題が解決できるのではないか。

いつしか自然にこのような思考を持って、物事に向き合うようになっていました。

まさに「未知の思考」との出会いです。

第5章

天国からのメッセージ（いま、最も伝えたいこと）

特殊な才能や能力があるわけでもない私が、今回の出来事を通じて、長年にわたり抱き続けてきた「死に対するχ」を解くことができました。

モノ（お金）への執着や死の恐怖からも解放され、これまでに感じたことのない自由を手に入れ、生きることが楽になりました。

そして独自の思考を獲得して、ふと気が付くと本を書く立場になっているのですから、本当に不思議なものです。

論理的に死の領域を見ることができたのも、見えたり聞こえたりしないことに大きな意味があったのかもしれません。

最終章の第5章では、『天国からのメッセージ』チーフプロパゲイター　河田美幸として、いま私が最も伝えたいことを綴っていきます。

メッセージ1：死後の世界は究極の個人の世界

何をもって人の死というものを定義するのかという問題は、様々な見解があり、難しいことのようです。

私が一連の出来事から定義した死は、体（肉体）を脱ぎ捨てた時。「人は死を迎えると、肉体から解放される。その後は重ねてきた思いという形で存在する。それが死後の世界」とお話しさせていただきました。

それからの世界は千差万別。あなたが重ねてきた思いが作り上げる究極の個人の世界なのです。

わがままだった人はわがままで、意地悪なまま亡くなった人は意地悪な思いを持ち、お金が人生の一番だった人は、あの世では必要のないお金を探し求め、明るく優しかった人はその通りの穏やかさで……。

好物が皆違うように、死後の世界は生まれてから死を迎えるまで、どのような思いを重ねながら生きて、どういった思いへとたどり着き、最期の時を迎えたか。

あなたの生き方、考え方、個性で形作られる究極の個人の世界なのです。

メッセージ2：死後、誰に裁かれるか——自分自身
死後、誰に救われるか——自分自身という真実

「裁かれる」……

この言葉を目にすると、内心穏やかでない人もいるでしょう。

死を迎えることで、体（肉体）を脱ぎ捨て、あなたの思いや個性で形作られた究極の個人の世界に行くわけですが、実はそこは体（肉体）がないゆえに、思いが非常に凝縮され、強調されてしまう世界でもあるのです。

例えば、ある人はとてもわがままで、思い通りではないと満足できない生活を送っていた。

自身の体（肉体）を持っていた時は思いを通すことができていたけれど、体（肉体）を失った瞬間から、そのわがままを簡単には通すことができなくなる。

その分、思いは強くなっていく。

ある男性は、自分の身勝手から妻や子どもたちに迷惑をかけ、悲しい思いをさせてし

まった。

そして生前に関係修復に至らず、後悔を残したままその時を迎えてしまう。

死後、その後悔の思いが大きくなり、男性を苦しめる。

あえて「裁かれる」という嫌悪感を抱く言葉にしたのは、あなた自身が作り出すその世界に苛まれるから。それを「裁かれる」と表現したのです。

では、死後、誰に救われるか――「自分自身」とは――

人は死後、その思いを変えることが簡単にはいかないようなのです。

なぜなら「体（肉体）がないから」です。

生きている間、私たちは体（肉体）を使い、体験したり、感動したり、考えたりと、思いを日々更新しています。

つまり思いを更新するためには、体（肉体）が必要なのです。

死後変更が難しい思いを、体（肉体）があるうちに良い方向（思い）へ向かわせる。

わがままな人は他人を思いやることができるように改め、家族に迷惑をかけて悲しい思いをさせてしまった人は、関係を改善させるように努力する。

それが可能なのは、生きている時のあなた自身という意味で、死後、誰に救われるか――「自分自身」と表現しました。

メッセージ3：遺体にこだわる必要はない

ちょっとお叱りを受けそうな発言ですが、私は常日頃から、子どもたちにお願いしていることがあります。

「もしも私が何らかの自然災害や事故に巻き込まれ、行方不明になり、遺体が発見されなかったとしても、気にしないでほしい。いつまでも探さないで」と。

遺体が見つからないことにこだわり、子どもたちがいつまでも苦しむ姿が、私にはつらく本意ではないからです。

体（肉体）ではなく、私が重ね伝えてきた思いにこそ、こだわってほしいのです。

私たちは死を迎えた瞬間から体（肉体）を脱ぎ捨て、自由になっている。

夫・英一が死を迎えたトイレにはいないと伝えてきたように。

だから、必要以上に遺体にこだわることはない。
その証拠に体（肉体）は燃えてしまいます。
敬意を払うことは必要ですが、モノとして捉えるべきです。
燃えてなくなってしまうことのない思いにこそ、こだわるべきです。

メッセージ4：体（肉体）を持っているということには大きな意味がある

遺体となってしまった体（肉体）には、さほどこだわる必要がない。
しかし生きている間、私たちが体（肉体）を持っていることには、大変重要な意味があります。

人間が死を迎えるのは自然なことです。
死を恐れること、病気と戦いながら必死に生きようとすることも自然なことなのです。
言い換えれば、体（肉体）を維持しようとする力が自然に働いている。

一体なぜなのか。

「メッセージ2」で触れたように、私たちは体（肉体）を使ってさまざまな体験をしたり、美味しいご飯を食べたり、考えを巡らせたり、悲しんだり、感動したりして、思いを日々更新させています。

そのために、体（肉体）があると言っても過言ではありません。

だから、否が応でも体（肉体）が必要で、それを維持するために自然な力が働いているわけです。

普段私たちは、体（肉体）の存在などさほど意識していませんが、生きている私たちにとって、体（肉体）を持っているということには大変大きな意味があるのです。

メッセージ5：共通項で話し合うことの大切さ
共通項とは誰にでも訪れる「死」

世界には崇高な主張を持ち、尊い活動を続ける人が数多く存在します。

一方で、それらの活動を自分たちの都合や不利益を被るという理由から、相容れない人たちも一定数存在します。

ある人にとってそれが正義だとしても、別の人間にとっては無意味で、他人事でしかないからです。


人類が同じ立場や環境下で生きているわけではないので、共通認識を持つことは難題のひとつです。

では、宗教や信仰、文化や言語、性差、貧富の差といった様々な違いを超えて、全世界の人々にとって誰もが同条件の共通項とは、一体どういうものでしょうか。

それが「死」です。

皆いつか必ず死を迎える存在である。万国共通でかつ平等です。

「死」という共通項で話し合う時、人は初めて対等になり、歩み寄り、そして話し合うことができるのです。

自死（自殺）について

この種の本を書く場合、避けて通れない話題が「自死（自殺）」についてです。

検証2で、「死」の本質はどのような場合でも大差ないと述べましたが、自死（自殺）に関してだけは、他の死と区別して考えなければなりません。

結論から言います。「絶対にやめるべき」です。

理由は「不自然だから」です。

生きている人間には、体（肉体）を維持しようとする力が自然に働いていると前述しました。

それを自ら突然断ち切るのですから、不自然としか言いようがありません。

罪深いとか、神が許さないとかではなく、不自然なのです。

体（肉体）があるからこそ思いの更新が可能なのに、その体（肉体）を自ら放棄してしまっては何も変えられません。
つらさや苦しさから逃れるための行為だったはずなのに、思いは死を選んだ時のままです。

人はいつか死ぬのです。
簡単にはいかないのが人生。楽に生きればいいのです。
生きることに意味など求めず、ただ生き抜けばいいのです。
繰り返します。
自死（自殺）は絶対にやめるべきです。

メッセージ6…知っていますか？ この世のほとんどすべてのものは、「死＝悪」という思想で成り立っていることを

「死＝悪」という思想を起点に、今日まであらゆる分野が発展してきました。

文学、芸術、医学そして経済。突き詰めて考えていくと、多くがその思想にたどり着くはずです。

例えば、あのヨーグルトを食べれば腸内環境が整えられて体に良い。体に良ければ健康になれ長生きできる。

あの美容クリームはしわ改善に効果があって若返る。少しでも若々しく健康で長生きすることが何よりも幸せで、短命や老いは否定されるべきものになっています。

太古の昔から、不老不死は人々の願いでした。

今ある生がすべてで、死後は何もかも無くなってしまう、と考えられることが多かったからです。

ここらで少し立ち止まり、その考えを転換してみてはいかがでしょうか。

「死＝善」とまではいかなくても、死は自然なもので絶対悪でもない。

むしろ恐れるべきは死そのものではなく、生き様なのだと。

そう知って生きていけば、従来にはなかった発想が生まれ、新たな発展に結びつくはずなのです。

メッセージ7…あの世ではお金は必要ない。
でも、体(肉体)を維持しなければならない
この世において、最も必要なものはお金です

体（肉体）のないあの世ではお金は必要なく、生きていた時のお金の量で死後のポジションが決まるのではない、と安心していた私。

それでは、体（肉体）を持つこの世で、もしお金が無くなってしまったら、一体どうなってしまうのでしょうか。

人間は体（肉体）を維持するために、どうしてもモノ（お金）や、体（肉体）を安心して休ませる居場所が必要だと前述しました。

それらが確保されなければ、人々は不安やパニックになり、理性を失い、その結果是が非でもモノ（お金）を得ようとする。

それが犯罪や暴動に繋がったり、最悪は戦争に発展したりする事態をも引き起こしかねない。

「そんな食料も買えないほどお金に困るなんて滅多にない」と言う人もいるでしょう。

では、世界を見まわしてみてください。

現実には、体（肉体）を維持するためだけのわずかなお金にさえ困っている貧しい人たちが大勢いるではありませんか。

彼らが必要としているのは、自家用ジェット機でも、クルーザーでも、宮殿のような住まいでもない。

ただ体（肉体）を維持しようとする自然な力を満足させるだけの、わずかなモノ（お金）なのです。

平等でなくてもいい、すべての人々に体（肉体）を維持するためのモノ（お金）が確保できる社会形態を構築すべきです。

あの世ではお金は必要ない。

でも、体（肉体）があるこの世で最も必要なものはお金なのです。

メッセージ8：この世とあの世は同一世界

この世とあの世は二つの別の集合体で、ある一部分だけが交わっているのではと考えていました。

でも結論としては、あの世といわれる世界と私たちが暮らしているこの世界は、どうやら同一世界のようなのです。

私たちには見えていないけれども、体（肉体）がないだけで、この世で彼らも存在している。

驚きの結論かもしれませんが、夫・英一からのメッセージの数々から、私はそう導きました。

どうやら体（肉体）があるかないかだけの違いのようです。

そして、このことに大きな意味があるのです。


メッセージは残り一つです。

この最後のメッセージが姿を現した時、私は確信しました。

これを導くために、今回の出来事が起こり、私の中に大きな変化が生まれ、ここまでの作業があったのだと……。

メッセージ9：死後の世界の存在を認め、その世界がどのような世界なのか正しく知ることだけが、私たちが生きるこの世界を平和にする唯一の方法

非常に壮大でなんと的外れなことを……と笑っている人もいるかもしれません。ただ論理的に考えていくと、最終的にこの結論（メッセージ）にたどり着いてしまうのです。

順を追って説明していきたいと思います。

「メッセージ8」で、私たちは同一の世界で存在している、と伝えました。

私たちと死後の世界にいる彼らの決定的な違いは、体（肉体）があるかないかです。

体（肉体）を持っている私たちは、体（肉体）を通して体験したり、思考を巡らせたりして、思いを更新することができる。

あるいは、好きな食べ物が食べられたりします。

その反面、体（肉体）があるがゆえに、それを維持するために一生懸命働いて、モノ（お金）を確保しなければならない。

体（肉体）があることで、時には身体的苦痛に悩まされたりもします。

それでは、彼らはどうでしょうか。

体（肉体）は持っていないので、思いの更新は難しく、簡単にはできない。

好物を食べたり、何かに触れたりもできない。

しかし、体（肉体）がないメリットもあって、身体的な苦痛はない。

モノ（お金）は不要で、体（肉体）がないので移動が楽。

以上のことから、私たちと彼らは同一世界に存在しているにもかかわらず、体（肉体）があるかないかで、対照的なのです。

ただ、一つだけ両者には共通点があります。

それは、互いに「思いを持っている」ということです。

更新できる／できないという違いはありますが、「思いを持っている」ということは共通しています。

■仕向けてくる

思いを持つという点では共通する両者ですが、その特徴は違いました。

生きている私たちの思いは、日々更新が可能なので、柔軟で常に変化する。

一方で、彼らの思いは死を迎えた時のまま停止し、その後は凝縮され、生きていた時よりも強調される。

私たちが想像するよりも、そのレベルは遥かに高いようなのです。

そうなると彼らは、生きている私たちの中に「協力者」を見つけて、何とかその思いを遂げようとする。

これが第4章で述べた、「人は死んでからもできることがある」ということです。

「体（肉体）がないのに、そんなことできるわけない！」と否定されるでしょうが、もちろん簡単なことではありません。

実は、彼らには私たちよりも圧倒的に有利な点があります。

それは、私たちからは彼らは見えないけれど、彼らには私たちが見え、思いまでも理解するという点です。その有利さを生かして、思いという共通部分に作用して、仕向けてくるのです。

体（肉体）がない不利を補うため、体（肉体）を持つ私たちの思いに作用し、コントロールしようとする。そしてその思いを遂げようとする。


ここで勘違いして欲しくないのは、「仕向ける」という言葉に悪印象を抱きがちですが、これには有難い「仕向け」や、可愛らしい「仕向け」も含まれています。

例えば、夫が私を教える仕事に繋げてくれたり、助けてくれる人を用意してくれたり、普段手に取ることなどないコーラをコンビニで買わせたり、夫の好きだったソーセージとおにぎりを食べさせようと画策したり……

皆様も一つや二つ、思い当たることがあるはずです。

それらをまとめて「仕向ける」と表現しているのです。

■悪とは

「テロリストが死んで、この世からいなくなった。だから世界は平和になった」と言う人がいます。

ここまでお読みいただいた方は、もうお分かりだと思います。

体（肉体）が無くなっただけで、思いという形で存在し続けていることを。

そのテロリストが、どのような思いを持って死を迎えたかは分かりません。

人々はそれぞれ環境や立場も違い、自身の正義のもとに生きています。

何が悪で何が悪でないのか、決定づけるのは難しいですが、不幸にも悪と呼ばれる立場で死を迎える人が大勢いることも事実なのです。

死後、彼らも究極の個人の世界で、自身が重ねてきた思いと対峙するわけですが、そこは修正も更新も簡単にはできない世界。

生きている時に抱いていた憎悪や苦しみ、悲しみが増大し、その思いに他でもない自分自身が苦しめられる。

コーラが飲みたいや、おにぎりやソーセージが食べたいなどという可愛らしい思いと違うことは確かです。

その思いから逃れるために、コントロール可能な「思い」を探し、その体（肉体）を使い思いを成し遂げてしまう。

これがテロや暴動、犯罪など様々な現象でこの世に出現したりするのです。

本意ではないかもしれない。しかし、その思いから逃れるためには、やらざるを得ないのです。


ここまで読むと、この世は恐怖と絶望の世界となってしまいそうですが、現実には奇跡的な出来事や良いこともたくさんあります。

なぜなら、この世で生きていた時、善と呼ばれる尊い行いをした人たちも数多くいるからです。

そのような人たちも、凝縮された思いの力で、あの世から最大限の力を発揮してくれているのです。

きっと頑張ってくれているのです。

■正しく知ることの大切さ

この世のすべてが彼らからの「仕向け」に左右されているわけではありません。

しかし、見えない彼らの影響を受けているのは確かです。

だとしたら、単純にこの世での悪と呼ばれる数を減らし、善を増やせば、今ある私たちの生きている世界が平和になるということなのでしょうか。


分かりやすく伝えるために、悪をテロや暴動、犯罪という言葉で挙げましたが、悪とは明確なものばかりではないはずです。

表面的には善のように見えても、悪であることもある。

時の為政者であったり、地下鉄で隣に座った紳士であったり、故郷で幼き日を共に過ごした幼馴染であったり……

人間は色々な側面を持ち合わせているから、善の顔をした悪もいるし、悪の顔を持った善もいるのです。

明らかな悪だけ排除してもそれは意味がない。

では、どうしたらよいのでしょうか。

答えは「正しく知ること」です。

死＝終わりではなく、死後の世界は存在し、その世界がどのような世界なのか、正しく知ることです。

伝承や想像ではなく、論理的に導かれた姿で知ることです。

全世界の人々が死という共通項を通し、思いを一（いつ）にできれば、この世のすべての問題は解決することができ、世界は平和になる。

戦争への抑止力という名の核兵器も、強大な軍備も必要ない。

ただ、正しく知りさえすれば良いのです。

その上であなたが正しい生き方を選択するだけで、叶うのです。


これが、私が今回の出来事で導き出した最も伝えたい結論（メッセージ）です。

エピローグ

私たちが生きるこの世界は、愛する人や大切な家族を亡くし、悲しみから立ち直れずに苦しんでいる人が大勢います。

愛する人を失うことは本当につらいことです。

私も同じ思いでしたから、よく分かります。


でもどうでしょう、夫・英一もあんなに苦しみながら亡くなったのに、あの世ではけろっとして楽しく過ごしているようなのです。

大切なのは、悲しみすぎないこと。

なぜなら、悲しみが強すぎると、その感情がその人の他の真実を覆い隠してしまうからです。

その人が好きだったことや、楽しかった思い出、活躍して輝いていた頃、可愛らしかったあの笑顔。

亡くなった人にとっては、生きているあなたと共有したい大事な大事な宝物なのです。

それに、あの世から送ってきてくれるメッセージもサポートも受け取りにくくなってしまいます。

悲しみ以上に感謝を持って生きる。

残された人に課せられた使命です。


死＝終わりではない。

このメッセージを伝えたくて、私はこの本を書きました。

死後の世界があって、この世で重ねてきた思いという形であなたは存在する。

タブーとされ続けている分野への挑戦でもありましたが、私は皆様に死を正しく受け入れ、死への恐怖を和らげ、自由になってほしいのです。

その上で、どのような毎日を送り、どのような生き方を選択すべきなのかを再考して、今この瞬間をあなたらしく輝かせていただけたら、私は本当に嬉しいのです。


本書でお伝えしたい思いは以上です。

拙い文章に最後までお付き合いいただき、ありがとうございました。

洗練された文章は書けないけれど、誰にでも分かっていただけるものを心掛けたつもりです。

また何かお伝えしたいことが出てきたら、挑戦するつもりです。

今後の目標は、ここに綴ったことを実学にまで押し上げていきたい。

非常識かもしれませんが、今の私にとっては、常識なのです。


「私の常識」を、生きている皆様に役立ててほしいのです。


夫・英一は生前、世界の様々な民族や文化、歴史などを熱く語ってくれました。

世界各国の人々と触れ合い、交流する機会も与えてくれました。

「世界はひとつだぞ、助け合い、認め合い、共に生きる道を選ばなければならない」

そう教えてくれたのだと思います。


つまり、「世界平和」

夫・英一はこれも伝えたかった。

「この世がいつか平和な世界になりますように」

と祈りつつ、ペンを置きます。

あとがき

芥川賞を受賞した若竹千佐子氏の小説の中に、主人公が目に見えない世界の存在を求める一節があります。

これは伴侶を亡くした主人公が、悲しみのあまり、それまで否定してきたあの世の存在を探し、その世界に分け入りたいと願う部分です。

私はこれを目にした瞬間、

「夫・英一が伝えてきた見えない世界について書いてみよう。小説ではなく、真実として世に送り出してみよう」

と決心しました。


今や私たちの社会は人工知能（ＡＩ）の台頭により、人類がかつて経験したことのない未知なる領域に突入したと言われています。

しかし、社会構造がいかに変化したとしても、人間である私たち自身がたやすく変えられてしまうはずはないのです。

そして、いずれ死を迎える存在であることは、どのような時代が訪れようとも変わりません。

古代より、「死＝悪」という思想を起点に発展を続けてきた私たちの社会ですが、どうでしょう、新しい時代の到来とともにその思想を超え、「死とは絶対悪ではなく、自然として受け入れるべきもの」という発想をプラスしてみては。

そうすることで、「死＝悪」という思想が世の中の発展を牽引してきたのと同じように、再び私たちの世界を大きく繁栄させ、また違った景色を見させてくれるはずです。

河田美幸

河田美幸（KAWATA Miyuki）

チーフプロパゲイター。
1959年、埼玉県生まれ。夫・英一との結婚を機に英語教育に携わる。その夫の死に際して起こった出来事により、死や死後の世界の概念が変わり、生きることが楽になる。「これを独り占めするのはフェアじゃない」と執筆を決意。独自の視点から、想像や伝承でない、亡き夫が伝えてきたリアルな世界として死や死後の世界を著す。現在は論理的に学ぶ英会話学習法の普及とともに、大切な人を亡くした人の悲しみに寄り添う活動も行っている。

天国からのメッセージ
～夫・英一（えいいち）が教えてくれたこと～

2024年7月17日　第1刷発行

著　者　河田美幸（かわたみゆき）

発行者　太田宏司郎
発行所　株式会社パレード
　大阪本社　〒530-0021　大阪府大阪市北区浮田1-1-8
　　　　　　TEL 06-6485-0766　FAX 06-6485-0767
　東京支社　〒151-0051　東京都渋谷区千駄ヶ谷2-10-7
　　　　　　TEL 03-5413-3285　FAX 03-5413-3286
　https://books.parade.co.jp
発売元　株式会社星雲社（共同出版社・流通責任出版社）
　　　　　　〒112-0005　東京都文京区水道1-3-30
　　　　　　TEL 03-3868-3275　FAX 03-3868-6588
装　幀　藤山めぐみ（PARADE Inc.）
印刷所　創栄図書印刷株式会社

ISBN 978-4-434-33969-1　C0095